om de l'Éditeur =

Qui a fait don d'un
exemplaire défectueux,
à ue manque la fin, qui
ne comprennent pas les pp. 33-40
en double !

LES CHIMÈRES

Tirage unique à 300 exemplaires, les 20 premiers sur hollande van Gelder ; les autres sur papier d'Alfa.

No

Notice de R. DE GOURMONT.
Portrait par F. VALLOTTON.
Page autographe : *Les Cydalises.*

GÉRARD DE NERVAL xxx
xLES CHIMÈRESxxxx
xxxxxxxxxET LES
CYDALISESxxxxxxx

A PARIS LIBRAIRIE
DV MERCVRE DE
FRANCE, XV, RVE
DE L'ÉCHAVDÉ.
M DCCC XCVII.

PORTRAIT

par F. Vallotton.

2

AUTOGRAPHE

Les Cydalises.

Où sont nos amoureuses ?
Elles sont au tombeau !
Elles sont plus heureuses
Dans un séjour plus beau.

Elles sont près des anges
Dans le fond du ciel bleu,
Et chantent les louanges
De la mère de Dieu !

O pâle fiancée,
O jeune vierge en fleur,
Amante délaissée
Que flétrit la douleur...

L'Eternité profonde
Souriait dans vos yeux :
Flambeaux éteints du monde,
Rallumez vous aux cieux

Gérard de Nerval

PRÉFACE

par REMY DE GOURMONT.

Celle que j'aimai seul m'aime encore tendrement.

Artémis.

Nous sommes trop exigeants pour les poètes d'un passé récent. Leur langue est la nôtre, mais les beautés de leur langue ne sont plus les nôtres.

La gloire passe d'un front à un autre front ; les couronnes comme à un jeu de cerceaux vont en deçà ou au-delà : il faut être tout jeune ou tout vieux pour être aimé des vivants.

Vieillir, c'est la même chose que rajeunir : et alors voici que l'heure est venue où tout ce qu'il y avait de pur en Gérard de Nerval va être senti; son génie va être compris.

Ce qui nous avait semblé des taches dans son style, dans sa pensée, dans ses goûts, devient la marque évidente d'une origi- nalité; ce qui s'offrait risible ou nul aux malveillants nous paraît l'aveu devancé de nos rêves et de nos inquiétudes; et son goût de cacher un sens mystérieux sous d'humbles mots, l'essai d'une esthétiqne.

Voici qu'après cinquante ans, le pauvre Gérard est plus jeune et plus aimé qu'au temps de sa jeunesse ou qu'au temps de sa folie.

Fou, — non pas, mais sa tête était une auberge trop étroite pour abriter toutes les idées qui venaient y loger ; et les idées se battaient, et Gérard souffrait : ensuite, il racontait la bataille des idées. Il écrivit Aurélia ; il écrivit les Chimères.

Ces périodes de résipiscence furent des nuits de génie : des sonnets comme Artémis,

El Desdichado *(Le Malheureux)*, Horus — *et tous — font de Gérard l'un de nos poètes de l'âme, frère de Baudelaire, de Verlaine, de Mallarmé.*

Rose au cœur violet, fleur de sainte Gudule

GÉRARD.

Tout son col secouera cette blanche agonie

MALLARMÉ.

Beauté des femmes, leur faiblesse et ces mains pâles

VERLAINE.

Entends, ma chère, entends la douce nuit qui marche

BAUDELAIRE.

Par quel miracle un poète ne peut-il lire sans émotion ces vers aux syllabes les plus simples ? Nous n'en savons rien. Peut-être parce qu'elles disent l'ineffable ? Oui, c'est cela.

Les derniers poèmes de Gérard de Nerval, et surtout, alors, le Christ aux Oliviers sont aussi une des plus belles manifestations de la poésie ésotérique. Quelques vers défaillent, mais jamais la pensée. Il faut lire cinq ou six fois ces sonnets dont le premier aspect est négatif : on vogue vers les abîmes, porté par un Géryon dont le maître d'une heure est un Dante hégélien et spinoziste. Là-bas, tout au fond du monde, il y a une Pensée éternellement mourante qui se dévore elle-même...

Qu'il revive donc parmi nous, le pauvre Gérard, âme charmante et génie princier, — pareil désormais, selon son vœu,

Au bel Athis meurtri que Cybèle ranime.

R. G.

LES CHIMÈRES

El Desdichado

Je suis le ténébreux, — le veuf, — l'inconsolé,
   Le prince d'Aquitaine à la tour abolie :
Ma seule *étoile* est morte, — et mon luth constellé
Porte le *Soleil noir* de la *Mélancolie*.

Dans la nuit du tombeau, toi qui m'as consolé,
Rends-moi le Pausilippe et la mer d'Italie,
La *fleur* qui plaisait tant à mon cœur désolé,
Et la treille où le pampre à la rose s'allie.

Suis-je Amour ou Phébus ?... Lusignan ou Biron ?
Mon front est rouge encor du baiser de la reine ;
J'ai rêvé dans la grotte où nage la syrène...

Et j'ai deux fois vainqueur traversé l'Achéron :
Modulant tour à tour sur la lyre d'Orphée
Les soupirs de la sainte et les cris de la fée.

Myrtho

JE pense à toi, Myrtho, divine enchanteresse,
  Au Pausilippe altier, de mille feux brillant,
A ton front inondé des clartés d'Orient,
Aux raisins noirs mêlés avec l'or de la tresse.

C'est dans ta coupe aussi que j'avais bu l'ivresse,
Et dans l'éclair furtif de ton œil souriant,
Quand aux pieds d'Iacchus on me voyait priant,
Car la Muse m'a fait l'un des fils de la Grèce.

30

Je sais pourquoi là-bas le volcan s'est rouvert...
C'est qu'hier tu l'avais touché d'un pied agile,
Et de cendres soudain l'horizon s'est couvert.

Depuis qu'un duc normand brisa tes dieux d'argile,
Toujours, sous les rameaux du laurier de Virgile,
Le pâle Hortensia s'unit au Myrthe vert !

Horus

LE dieu Kneph en tremblant ébranlait l'univers :
Isis, la mère, alors se leva sur sa couche,
Fit un geste de haine à son époux farouche,
Et l'ardeur d'autrefois brilla dans ses yeux verts.

« Le voyez-vous, dit-elle, il meurt, ce vieux pervers,
Tous les frimas du monde ont passé par sa bouche,
Attachez son pied tors, éteignez son œil louche,
C'est le dieu des volcans et le roi des hivers !

L'aigle a déjà passé, l'esprit nouveau m'appelle,
J'ai revêtu pour lui la robe de Cybèle...
C'est l'enfant bien-aimé d'Hermès et d'Osiris ! »

La Déesse avait fui sur sa conque dorée,
La mer nous renvoyait son image adorée,
Et les cieux rayonnaient sous l'écharpe d'Iris.

Antéros

Tu demandes pourquoi j'ai tant de rage au cœur
    Et sur un col flexible une tête indomptée ;
C'est que je suis issu de la race d'Antée,
Je retourne les dards contre le dieu vainqueur.

Oui, je suis de ceux-là qu'inspire le Vengeur,
Il m'a marqué le front de sa lèvre irritée,
Sous la pâleur d'Abel, hélas ! ensanglantée,
J'ai parfois de Caïn l'implacable rougeur !

34

Jéhovah ! le dernier, vaincu par ton génie,
Qui, du fond des enfers, criait : « O tyrannie ! »
C'est mon aïeul Bélus ou mon père Dagon...

Ils m'ont plongé trois fois dans les eaux du Cocyte,
Et protégeant tout seul ma mère Amalécyte,
Je ressème à ses pieds les dents du vieux dragon.

Delfica

L A connais-tu, DAFNÉ, cette ancienne romance,
   Au pied du sycomore, ou sous les lauriers blancs,
Sous l'olivier, le myrthe ou les saules tremblants,
Cette chanson d'amour... qui toujours recommence !

Reconnais-tu le TEMPLE, au péristyle immense,
Et les citrons amers où s'imprimaient tes dents ?
Et la grotte, fatale aux hôtes imprudents,
Où du dragon vaincu dort l'antique semence.

36

Ils reviendront, ces dieux que tu pleures toujours !
Le temps va ramener l'ordre des anciens jours ;
La terre a tressailli d'un souffle prophétique...

Cependant la sibylle au visage latin
Est endormie encor sous l'arc de Constantin :
— Et rien n'a dérangé le sévère portique.

Artémis

L A Treizième revient... C'est encor la première ;
Et c'est toujours la seule, — ou c'est le seul moment :
Car es-tu reine, ô toi ! la première ou dernière ?
Es-tu roi, toi le seul ou le dernier amant ?...

Aimez qui vous aima du berceau dans la bière ;
Celle que j'aimai seul m'aime encor tendrement :
C'est la mort — ou la morte... O délice ! ô tourment !
La Rose qu'elle tient, c'est la *Rose trémière*.

Sainte napolitaine aux mains pleines de feux,
Rose au cœur violet, fleur de sainte Gudule :
As-tu trouvé ta croix dans le désert des cieux ?

Roses blanches, tombez ! vous insultez nos dieux :
Tombez, fantômes blancs, de votre ciel qui brûle :
— La sainte de l'abîme est plus sainte à mes yeux !

Le Christ aux Oliviers

Dieu est mort! le ciel est vide...
Pleurez! enfants, vous n'avez plus de père!

JEAN PAUL.

I

Quand le Seigneur, levant au ciel ses maigres bras
Sous les arbres sacrés, comme font les poètes,   ,
Se fut longtemps perdu dans ses douleurs muettes,
Et se jugea trahi par des amis ingrats ;

Il se tourna vers ceux qui l'attendaient en bas
Rêvant d'être des rois, des sages, des prophètes...
Mais engourdis, perdus dans le sommeil des bêtes,
Et se prit à crier : « Non, Dieu n'existe pas ! »

6

42

Ils dormaient. « Mes amis, savez-vous *la nouvelle ?*
J'ai touché de mon front à la voûte éternelle ;
Je suis sanglant, brisé, souffrant pour bien des jours !

Frères, je vous trompais : Abîme ! abîme ! abîme !
Le dieu manque à l'autel où je suis la victime...
Dieu n'est pas ! Dieu n'est plus ! » Mais ils dormaient toujou

x

II

Il reprit : « Tout est mort ! J'ai parcouru les mondes ;
  Et j'ai perdu mon vol dans leurs chemins lactés,
Aussi loin que la vie, en ses veines fécondes,
Répand des sables d'or et des flots argentés :

Partout le sol désert côtoyé par des ondes,
Des tourbillons confus d'océans agités...
Un souffle vague émeut les sphères vagabondes,
Mais nul esprit n'existe en ces immensités.

44

En cherchant l'œil de Dieu, je n'ai vu qu'une orbite
Vaste, noire et sans fond, d'où la nuit qui l'habite
Rayonne sur le monde et s'épaissit toujours ;

Un arc-en-ciel étrange entoure ce puits sombre,
Seuil de l'ancien chaos dont le néant est l'ombre,
Spirale engloutissant les Mondes et les Jours !

III

Immobile Destin, muette sentinelle,
 Froide Nécessité !... Hasard qui t'avançant
Parmi les mondes morts sous la neige éternelle,
Refroidis, par degrés, l'univers pâlissant,

Sais-tu ce que tu fais, puissance originelle,
De tes soleils éteints, l'un l'autre se froissant...
Es-tu sûr de transmettre une haleine immortelle,
Entre un monde qui meurt et l'autre renaissant ?...

O mon père ! est-ce toi que je sens en moi-même ?
As-tu pouvoir de vivre et de vaincre la mort ?
Aurais-tu succombé sous un dernier effort

De cet ange des nuits que frappa l'anathème...
Car je me sens tout seul à pleurer et souffrir,
Hélas ! et si je meurs, c'est que tout va mourir ! »

X

IV

Nul n'entendait gémir l'éternelle victime,
  Livrant au monde en vain tout son cœur épanché ;
Mais prêt à défaillir et sans force penché,
Il appela le *seul* — éveillé dans Solyme :

« Judas ! lui cria-t-il, tu sais ce qu'on m'estime,
Hâte-toi de me vendre, et finis ce marché :
Je suis souffrant, ami, sur la terre couché...
Viens ! ô toi qui, du moins, as la force du crime ! »

48

Mais Judas s'en allait mécontent et pensif,
Se trouvant mal payé, plein d'un remords si vif
Qu'il lisait ses noirceurs sur tous les murs écrites...

Enfin Pilate seul, qui veillait pour César,
Sentant quelque pitié, se tourna par hasard :
« Allez chercher ce fou ! » dit-il aux satellites.

𝒳

58

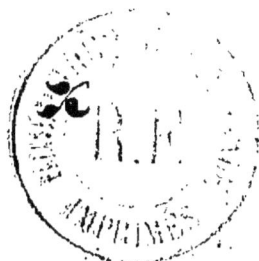

La Cigüe.

N° 1.

IMPRIMÉ POUR L'ÉDITEUR

PAR

C. RENAUDIE

56, RVE DE SEINE, 56

PARIS

www.ingramcontent.com/pod-product-compliance
Lightning Source LLC
LaVergne TN
LVHW022145080426
835511LV00008B/1267